CONFÉDÉRATION GÉNÉRALE DU

RECOMMANDATIONS LÉGALES ET RÉGLEMENTAIRES

dans l'Intérêt de la bonne marche et du bon rendement de tous les services

Syndicat des Agents
de Contrôle, d'Assiette et de Perception
des Douanes
de France et des Colonies

Siège Social : **5, RUE DE POITIERS, 5 -- PARIS (7e)**

Fédération Générale
des Syndicats de Fonctionnaires
Fédération des Finances

PARIS
IMPRIMERIE J.-J. DURAND
7, RUE CADET, 7

1930

RECOMMANDATIONS LÉGALES ET RÉGLEMENTAIRES

dans l'intérêt de la bonne marche et du bon rendement de tous les Services

---

Recommandation liminaire

A tous les degrés de la hiérarchie, le personnel doit observer rigoureusement la plus grande exactitude aux heures d'arrivée et de départ. Dans les bureaux où à certaines heures fonctionne officiellement une permanence, il conviendra d'attendre les ordres des chefs pour mettre fin à cette pratique. En cas de maladie, prévenir sans retard le chef de service. Régulariser par demande de congé dans le plus court délai possible.

Au moment des départs en congé, ne pas oublier de laisser son adresse au chef de service.

Les agents doivent s'efforcer de ne jamais donner lieu au moindre redressement ou à la plus minime observation justifiée. Dans la pratique journalière, ils se tiennent dans le cadre strict des lois et des règlements. En cas de doute, ils se reporteront aux présentes recommandations ou se rapprocheront des camarades du bureau. Ils pourront consulter également avec fruit les ouvrages administratifs et les cours professés à l'école de visite par MM. Lécuyer et Boulet, que nous recommandons tout particulièrement à l'étude de nos camarades.

Le personnel des douanes étant un personnel de stricte exécution à tous les échelons de la hiérarchie (avis du bureau du budget), un agent ne peut, sous prétexte d'initiative, se substituer au chef hiérarchiquement qualifié pour prendre une décision, accorder une dérogation à la ligne strictement tracée par les lois et règlements, sauf le cas où, par délégation, il remplit les fonctions de chef de service et cumule toutes les responsabilités (salle de bagages, par exemple).

Nous rappelons à ce sujet que les vérificateurs ne sont pas habilités à fournir des renseignements d'ordre tarifaire. Ils doivent, dans les cas de l'espèce, inviter les pétitionnaires à s'adresser aux contrôleurs en chef ou aux agents chargés de ce service.

Il est évident que l'application des règles datant pour la plupart de l'époque révolutionnaire peut apporter un certain trouble dans le trafic moderne. Si les usagers se plaignent des retards occasionnés et manifestent quelque irritation, il convient de rester calme et d'observer la correction la plus absolue. Eviter toute parole inopportune et tout incident avec les chefs, les redevables et aussi avec le service actif.

Pour éviter les indiscrétions de tout ordre, il est bon d'interdire l'accès des bureaux à toute personne étrangère au service.

N'obéir qu'aux ordres écrits et référer aux chefs de tous les cas d'espèce pouvant se présenter. Prendre note de tous les ordres écrits dépassant les ordres couramment donnés.

Garder trace de toute prescription constituant une entorse au règlement, imposée par les chefs.

a) Opérations de Visite

TRANSPORT DES DÉCLARATIONS.

Après enregistrement, la déclaration ne doit, en aucun cas, être remise à des personnes étrangères au service. Ne remettre les déclarations et les bons à enlever qu'aux préposés-visiteurs ou aux agents du service actif chargés de ce service.

Toutefois, dans les grands ports, où, par suite de la dispersion et de l'éloignement des postes de vérificateurs, aucun service spécial n'a été prévu par les chefs pour le transport des déclarations du bureau d'enregistrement à celui de visite, il conviendra de s'en tenir aux errements locaux.

Examen de la déclaration.

Avant toute opération de visite, contrôler attentivement les déclarations. S'assurer notamment que les indications portées sont suffisantes pour permettre la liquidation au cas où l'ordre d'admettre conforme serait donné. Pointer de très près les notes de détail et s'assurer qu'elles sont datées et signées, et que leurs totaux concordent avec les chiffres portés sur la déclaration. Examiner les certificats d'origine, les factures consulaires, licences, attestations diverses. Voir s'il ne manque pas de pièces. Lorsque, pour une raison quelconque, la déclaration n'est pas recevable, la renvoyer au guichet de l'enregistrement pour rectification en donnant toutes explications utiles.

Classement des déclarations.

Classer les déclarations dans l'ordre de l'enregistrement. Se garder de donner un rendez-vous ferme pour l'opération de visite.

Présence du déclarant.

Exiger au moment de la vérification la présence du déclarant ou de son représentant habituel. Dans le cas de doute au sujet de ce dernier, exiger une lettre d'accréditement et contrôler l'identité.

En aucun cas, le représentant du déclarant ne peut acquiescer à la reconnaissance du service. La signature du déclarant est toujours nécessaire quelle que soit l'importance du droit récupéré. A ce sujet, il est rappelé qu'il convient de relever tous les récupérés et tous les déclassements si minimes soient-ils.

Déchargement des marchandises.

Ne procéder à aucune opération de visite avant le déchargement ou le débarquement de la totalité des marchandises reprises à la déclaration. Exiger l'allottissement à quai ou en travées des colis repris à une même déclaration.

Identification et pointage des colis. — Désignation des ouvertures.

Se rendre personnellement sur le terrain pour procéder au dénombrement et à l'identification des colis repris à la même déclaration (lorsqu'il s'agit de lots de colis identiques, procéder par épreuves), désigner sur place et faire marquer les colis à vérifier de l'estampille *ad hoc*. Serrer de très près tout en restant au-dessous de leurs prescriptions les proportions édictées par le n° 95 des O. P. Ne jamais tomber au-dessous des pourcentages prévus par le décret du 6 octobre 1926 (articles 20 et suivants). *Exiger la présentation en salle des visites des colis désignés.*

VISITE DES MARCHANDISES.

1° La vérification de l'espèce de toutes les marchandises est obligatoire (O. P. n° 94). Le vérificateur n'a pas le droit d'admettre l'espèce conforme, sauf procédure pour dossier compaet. (Décret du 5 octobre 1926, B. D. 404.)

Cette procédure ne peut être adoptée que sur demande du déclarant, lequel est tenu d'en faire mention sur la déclaration en indiquant le nombre de pièces du dossier. L'examen du dossier doit être attentif et n'entraîne pas, pour le vérificateur, l'obligation d'admettre conforme — toute admission pour conforme d'une déclaration accompagnée d'un dossier complet, ne peut être décidée qu'après visa de l'inspecteur et avant enlèvement de la marchandise ;

2° Pour éviter toute erreur et toute fraude, ne procéder qu'à une seule opération de visite à la fois.

3° S'assurer très convenablement de l'espèce, la qualité, la valeur et l'origine de la marchandise ; en cas de doute, envoyer des échantillons au laboratoire ou consulter des experts ;

4° Ne pas oublier que presque tous les produits chimiques doivent aller au laboratoire. Que le service doit demander l'avis du laboratoire pour savoir si certaines denrées sont consommables : conserves, jaunes et blancs d'œufs desséchés, haricots, huiles, etc., etc. ; les échantillons sont prélevés et acheminés sur le laboratoire par les soins du service.

Envois au laboratoire.

Liste des produits pour lesquels l'envoi au laboratoire est obligatoire (o) ou recommandé (r), aux termes des notes explicatives du tarif :

Saindoux pour savonnerie (o),
Saindoux autres (o),

Graisses de poisson (o).
Farine de seigle (r).
Farines de légumes (r).
Sucres (o).
Mélasses (o).
Chocolat (r) (100 grammes par envoi).
Parfums artificiels (r).
Camphre (r).
Levure de bière (r).
Vins (r).
Vinaigres (r).
Poteries réfractaires (r).
Huiles minérales brutes (o), raffinées, white spirit (o).
Gas oil (o).
Road oil (o).
Fuel oil (o).
Fer et acier laminé ou forgé (o).
Aciers spéciaux (r).
Rails d'acier ne prenant pas à l'aimant (o).
Minerai de plomb 30 0/0 (o).
Produits chimiques en règle générale (o).
Laques artificielles (r).
Colorants autres que les teintures dérivées du goudron de houille (r).
Vernis à l'alcool (o).
Charbons autres qu'activés (o).
Terres serpentines (r).
Savons transparents sans alcool ni sucre (o).
Eau-de-vie (r).
Vinaigres de parfumerie (o).
Papier sensibilisé (photo) (o).
Papier sensibilisé (photo) (o).
Peaux tannées au tannage végétal (r).
Tubes non emboutis (r).
Ferro-alliages (r).
Colles à moins de 50 0/0 extrait sec, quelle que soit leur consistance (o) B. D. 761.

5° Ne pas hésiter à désigner des colis lourds ou contenant des espèces multiples. Dans les lots importants, désigner des colis à l'intérieur des piles, sans toutefois faire porter la vérification exclusivement sur ceux-ci ;

6° Exiger que les marchandises soient présentées par catégorie du tarif, leur classement incombant au déclarant ;

7° En matière de poids, ne jamais admettre au vu du

brut ou du demi-brut, le poids d'une marchandise taxée au net ;

8° Dans le cas de machines et de fils, s'en tenir strictement à la règle tracée par l'article 28 du décret du 6 octobre 1926. Ne faire dans ce cas aucune déduction pour les bois de calage intérieur ;

9° Dans le cas de colis ne pouvant être pesés avec les moyens dont dispose le service, ne pas hésiter à recourir au poids public ;

10° Faire toujours peser avec les bascules du bureau, ne pas se servir des bascules amenées à quai par les déclarants. Ne pas accepter les raisons de frais de manutention données par le déclarant, et ne s'incliner que sur l'ordre écrit de l'inspecteur ;

11° Ouvrir tous les colis pesés et les faire vider entièrement

Délivrance des acomptes et vérification de bulletin de poids publics par les peseurs jurés. (Voir annexe n° 1.)

Visites sur wagon.

1° Ne visiter que les wagons comprenant des marchandises d'une même espèce. Dans le cas d'espèces différentes, se refuser à visiter sans autorisation préalable et ferme des chefs ;

2° Ne pas admettre les pesées effectuées par le chemin de fer avant dépôt des déclarations ;

3° Faire effectuer les tranchées réglementaires ;

4° Ne jamais visiter les marchandises sur les voies non couvertes par les signaux réglementaires, les Compagnies déclinant toute responsabilité en cas d'accident. Dans le même ordre d'idée, dans les ports, se refuser à vérifier les lots de marchandises placés sous les grues ;

5° Dans les cas de marchandises taxées au net et emballées, vérifier les tares par épreuves, s'il s'agit de colis uniformes facilement dénombrables. Au cas où les tares ne seraient pas identiques, faire décharger à quai et allotir.

Vérification des marchandises taxées ad valorem.

1° Avant toute visite, opérer une vérification très rigoureuse des factures. Vérifier les additions. En cas de déductions opérées sur la valeur de facture ou lorsqu'il s'agit de prix franco de douane, exiger la présentation des contrats de vente et de toutes pièces portant justifications.

Lorsqu'il est joint à la déclaration un certificat d'origine ou une facture mentionnant la valeur globale, exiger la présentation d'une facture détaillée. En cas de non-concordance entre ces deux pièces, demander toutes justifications probantes.

Vérifier au vu des factures l'identité et le nombre des marchandises taxées *ad valorem*. Refuser toute facture qui ne permet pas ce contrôle.

Dans le cas de marchandises dont la valeur est établie par des mercuriales, il convient de faire allotir par catégorie pour la vérification. Opérer de même en ce qui concerne la taxe à l'importation (bananes, etc...). A ce sujet, s'entourer de toutes les garanties désirables avant de donner main-levée (P. ex. Envoi de pâtes à papier au laboratoire pour détermination de la catégorie commerciale, etc...)

Dans le cas de marchandises taxées *ad valorem*, avec minimum de perception aux 100 kilos (verrerie), s'assurer du poids déclaré. Réciproquement pour les marchandises taxées au poids avec minimum de perception *ad valorem* (automobiles), exiger la présentation d'une facture consulaire.

Valeur a déclarer

Dans tous les cas, la valeur à déclarer est la valeur en douane ou à l'entrepôt (note aux Directeurs du 16 févrıer 1925, 490 1/1 ; BD 239).

N'admettre de valeur franco de droits ni pour les droits *ad valorem*, ni pour la taxe à l'importation.

DE QUELQUES MARCHANDISES

Tissus. — La note 9.140 1/2 du 4-12-28 prescrit que la détermination du poids aux 100 mètres carrés doit avoir lieu au moyen du mesurage et de la pesée d'une pièce entière (B.D. 612).

Bois. — Faire classer à quai les lots par longueurs. Peser des pièces pour contrôler la densité.

Pâtes de bois. — Peser dans tous les cas (pesage devant le bord autorisé par le directeur à Rouen). Désigner les élinguées à mettre à quai en passant (2 0/0 maximum). (Directeur à Rouen). Ouvrir les balles pesées, contrôler la régularité de la perforation, notamment pour les feuilles situées au milieu des balles.

Papiers. — Faire dérouler sur une certaine longueur les rouleaux. Sonder la partie creuse.

Machines te mécaniques — Suivre de très près les règles prévues par le renvoi C de la page 204 (août 29) ou 211 (mai 1930) du Tarif Oudin.

Houilles. — Reconnaître l'espèce dans tous les cas. Contrôler les droits garantis sur les autorisations préalables. Comparer ces dernières avec les déclarations. S'assurer personnellement que les valeurs déclarées sont en conformité avec le barème.

Cafés. — Procéder le plus possible aux vérifications de café. Assister aux manipulations en entrepôt. Vérifier toutes les sorties d'entrepôt.

Sels. — Suivre la dénaturation des sels en entrepôt.

Haricots. — Envoyer au laboratoire pour recherches d'acide cyanhidrique.

Coton et textiles en balles pressées. — Importations frauduleuses à craindre. Faire ouvrir de ces balles.

Vins, alcools et charcuterie. — Appliquer l'article 19 de la loi du 16 mai 1863.

Spiritueux. — Reconnaître espèce et degré pour toutes quantites de boissons alcooliques supérieures à 100 litres.

Vins étrangers. — Faire débonder tous les fûts (fûts marqués origine et degré), les « communs » doivent être prélevés sur tous les fûts.

Ainsi, sur 100 fûts déclarés d'un titrage identique, confectionner un échantillon commun avec un peu de porto pris dans chaque fût.

Pointer les numéros par épreuve au vu des notes de dépotage.

Refuser la vérification des lots non classés et isolés par déclaration.

Passer tous les fûts au vinomètre ou à l'oénobaromètre.

Déguster pour la forme le cas échéant. Cacheter tous les échantillons à la cire. Assister par épreuve aux opérations de veltage.

Désigner un nombre élevé de fûts à débonder et seulement en uprésence des lots à velter. Faire retourner les fûts vides : les pointer.. Prendre les hauteurs des vidanges très soigneusement ; ne pas tolérer une différence de plus d'un centimètre.

Effectuer les calculs sur le terrain.

Vins d'Algérie. — Prendre toutes les écritures relatives à la déconsignation (Note 2.284 sous-Directeur à Rouen. Voir annexe n° 2). Vérifier tous les lots pour contrôle des futailles. Fûts en location marqués au feu, sinon taxe ou D 18 *ter.*

La loi de 1901 prescrit le recours à l'analyse en matière d'importation de vins.

Huiles pour savonnerie et fabrication de vernis. — Exiger la dénaturation sous surveillance du service des huiles qui ne peuvent être admises à cet emploi qu'après dénaturation.

Prélèvement échantillons. — Se conformer strictement aux notes, principalement en ce qui concerne les vins et les sucres.

Pétroles :

1° Etre présent à toutes les opérations. Ne les effectuer qu'en compagnie du préposé visiteur (pesage, plombage, reconnaissance de plombage, etc...) ;

2° Se rendre à pied dans les différentes usines ;

3° Fermer un bac dès que la quantité sortie atteint celle énoncée à la déclaration ;

4° Ne pas autoriser l'ouverture d'un bac sans être couvert par une déclaration de sortie ;

5° Visite journalière de la clôture des entrepôts ;

6° Assister le vérificateur des poids et mesures lors de la jauge de nouveaux bacs ou chalands pendant toute la durée de l'opération ;

7° N'effectuer le mesurage que lorsque la masse est complètement en repos. (Arrêté du 30-5-21).

8° Refus de travail extra-légal, à l'exception de celui concernant le refoulement des vapeurs dans les bacs d'entrepôts.

Toutefois, dans les cas où le vérificateur jugerait sa responsabilité pécuniaire engagée : travail extra-légal autorisé ;

9° Se conformer, pour toutes les autres opérations de quai ou dans les établissements libres, aux mesures adoptées pour le service « visite » ;

10° Si un collègue se refuse à faire une des opérations

extra-légales envisagées, ne pas le remplacer, même sur ordre.

MARCHANDISES LOGÉES EN FUTS MÉTALLIQUES :

Ne pas perdre de vue que l'emballage est soumis le plus souvent à un droit supérieur à celui du contenu, il importe donc de vérifier les tares (2 ou 3 0/0 des fûts doivent être vidés). Le dépotage doit avoir lieu sous la surveillance du service.

PROVISIONS DE BORD :

Appliquer strictement les prohibitions de sortie en vigueur (et droits de sortie) particulièrement pour les denrées alimentaires (B.D. 408).

Il n'est dû aucun droit de sortie (et les prohibitions ne sont pas applicables en l'espèce) sur les vivres et provisions embarquées sur tous navires, à toutes destinations, *en quantité n'excédant pas le nécessaire.*

Le nombre d'hommes d'équipage doit être déclaré par le capitaine ou l'armateur, avec indication des quantités à embarquer ; si ces quantités paraissent trop fortes, la douane a le droit de le faire régler (*O.P.* 445).

Il résulte de ce texte qu'*en ce qui concerne les marchandises prohibées ou frappées de droits de sortie, le visa du capitaine et l'indication du nombre d'hommes sont indispensables.*

O. P. 447. — Dans aucun cas, les embarquements de provision d'origine étrangère ne peuvent avoir lieu qu'à la demande et sur la déclaration des capitaines ou armateurs, et le service doit veiller à ce que les quantités ne dépassent pas le nécessaire.

O. P. 448. — L'embarquement *de tabac livré à prix réduit* ne peut avoir lieu qu'à la demande du capitaine ou de l'armateur. *Les poissons et autres denrées expédiées en décharge de taxes intérieures étant en tous points assimilables aux marchandises étrangères,* leur embarquement comme provisions doit être subordonnée aux mêmes conditions.

COLIS RETENUS EN COURS DE VÉRIFICATION.

Lorsqu'au cours de la vérification le service croit devoir retenir un ou plusieurs colis d'une déclaration relative à un lot de divers colis, il convient de faire établir un extrait de déclaration se rapportant aux colis retenus, à moins qu'il ne soit plus simple d'établir des liquidations d'office pour les quantités enlevées.

Cette méthode a l'avantage de ne pas retarder la prise en recette des droits.

Lorsque, par suite d'envoi d'échantillons au laboratoire, le déclarant demande main levée de la marchandise, il convient d'appliquer strictement les règles prévues en cas d'expertises (échantillons scellés, signature des feuilles, noms des experts, etc...)

RETOURS :

Visite intégrale pour les marchandises en retour. Dans le cas de retour de marchandises susceptibles d'être exportées en décharge d'A. T., refuser soumission M 23 D, si le certificat de simple sortie n'est pas présenté. Faire consigner les droits et taxes exigibles (B.D. 633 note n° 989 2/2 du 15 février 1929).

S'assurer exactement que le motif du retour est admis par les règlement. Par exemple, le retour pour réparation doit faire l'objet d'un D 18.

Pour les marchandises en retour avec un passavant, exiger le visa de sortie, sauf pour échantillons présentés dans les conditions prévues par le n° 406 des O. P.

TRANSIT :

Reconnaître au préalable l'état des wagons ou chalands pour condition de sécurité.

Vérification du plombage par épreuve. Visiter les colis en transit pour l'application des lois sur les fausses marques de fabrique ou d'origine. (Voir codifications article 127).

La visite sanitaire a lieu au point d'introduction en France, sauf exceptions prévues (Halles de Paris).

Ne pas oublier que les films, disques, soumis au contrôle de la librairie, doivent transiter sous double plomb.

A ce propos, ne pas perdre de vue que le double plombage doit être fait avec double emballage plombé séparément (Pallain, art. 557).

ESCORTE :

Ne pas accorder de dispense d'escorte sans plaques ou fanions (ports).

MISE EN DÉPOTS :

Etablir les dépôts d'office et faire conduire les marchandises aux docks ou entrepôts dans le plus bref délai légal.

Effectuer pour ces marchandises la reconnaissance détaillée, sinon procéder au plombage des colis.

OPÉRATIONS D'EXPORTATION :

Exiger les termes de la nomenclature. Relever les infractions en cas de fausses déclarations. Multiplier les épreuves.

Vérifier les éléments servant de base à la perception de la taxe de statistique et des droits de péage.

Se refuser à régulariser les embarquements sans permis et constater ces infractions. Contrôler la valeur déclarée.

Exiger la présence à quai ou sous tente des colis lors de la délivrance des bons à embarquer.

Exiger la mise à terre d'un nombre raisonnable de balles (drilles etc.), transbordées directement des chalands sur les navires, les faire sonder ou ouvrir (embarquement frauduleux de spiritueux).

Reconnaître le plombage des colis venus sous régime de douane. Se refuser à viser les passavants D 15, si les colis ne sont pas présentés au service.

En ce qui concerne les bons de sortie, faire le plus grand nombre d'épreuves possible (envoyer tissus de laines au laboratoire pour détermination de la nature des fils, et idem en ce qui concerne les décharges d'A. T. des blés). (Compter les peaux en ce qui concerne les réexpéditions de cuir).

Vérifier le poids pour toutes marchandises prohibées à la sortie, exportées en décharge d'une autorisation d'exportation.

Pour les passavants d'exportation, il convient de reconnaître l'espèce, les nombres, poids et valeur des objets, soumis à estampillage.

Au bureau de passage à l'étranger, s'assurer qu'il y a concordance entre le passavant et la marchandise toutes les fois que le colis n'est pas plombé.

Pour les marchandises à écorer, surveiller l'opération.

Depuis le 1er mars 1930, les formules de déclaration de sortie, ancienne série, ne sont plus recevables.

SORTIES D'ENTREPOT :

Ne pas omettre de se faire représenter les colis sortants.

En cas d'extraction d'un colis d'une partie de marchandises, en vue de la mise à la consommation ou de la réexportation, le vérificateur doit suivre entièrement l'opération. (Découverte récente de fraude par suite de l'inobservation de ce principe.)

Les réexportations sous D 15 de marchandises entreposées doivent faire l'objet d'une vérification approfondie, particulièrement pour les tapis à points noués et les marchandises taxées *ad valorem* car le service doit se méfier d'une décharge abusive des comptes d'entrepôt ou de cabinet (peaux, films, etc).

PRÉPOSÉS VISITEURS :

Se rapporter au décret du 6 octobre 1926 et la circulaire 2112 du 9 octobre, en ce qui concerne la reconnaissance des marchandises faiblement taxées. Sauf ordre supérieur contraire, le vérificateur est le seul juge de savoir s'il peut déléguer le préposé visiteur.

Pendant la durée des ouvertures de colis en visite, faire surveiller la manipulation par le préposé-visiteur.

INFRACTIONS ET DÉCLASSEMENTS :

Rechercher les uns et les autres avec beaucoup d'attention. Passer outre dans la limite réglementaire, sauf le cas de soupçon d'abus auquel cas il convient de demander des sanctions à l'inspecteur chef de service.

COLIS POSTAUX :

Feuille modèle C. — En principe, les feuilles modèle C doivent être libellées en français et dans les termes du tarif ; se montrer assez libéral dans l'interprétation de cette règle pour les envois non commerciaux.

Ne taxer toutefois d'office que lorsqu'il n'y a aucun doute possible sur la nature du contenu.

Pour les opérations commerciales, exiger les termes du tarif en français.

Ouvertures. — 50 0/0.

Visite approfondie (espèce, origine, valeur et poids).

Liquidation. — Dans l'ordre de l'enregistrement, sauf pour les colis express ou les périssables qui peuvent bénéficier d'une priorité.

Se montrer assez libéral pour les non-commerçants, sans pour cela léser les intérêts du Trésor. Pour les opérations commerciales liquider très soigneusement. Ne pas faire de « cote mal taillée ».

Veiller à la taxe de luxe. Exiger attestations en cas de doute (destinataire non inscrit au Bottin).

Pour les marchandises d'origine canadienne ou américaine, taxer au tarif général tout envoi à caractère commercial. Disjoindre si la différence entre le T. G. et le tarif intermédiaire ou minimum est trop élevée. Ne consentir à aucun abattement sur la valeur des colis d'origine U. S. A.

Taxer les échantillons ayant une valeur commerciale, si minime soit-elle. Ne pas oublier que si les échantillons sont quelquefois sans valeur commerciale, il n'en est pas de même pour les emballages (flacons, cartons, etc.)

Ne jamais taxer d'office de petites quantités de cigarettes. Disjoindre pour l'établissement d'une demande sur timbre à l'inspecteur. (Voir carton rectificatif N. Explic. B. D. 521).

S'assurer que les médicaments importés, même en petite quantité, sont bien conformes aux prescriptions du tarif.

Visiter intégralement les colis postaux ayant fait l'objet d'une disjonction.

Constater les fausses marques quelle que soit l'importance de l'envoi.

Voir, d'une façon générale, pour le surplus le n° 472 des O. P.

DÉCLARANTS OCCASIONNELS :

N'accepter ce mode de taxation que pour les non-commerçants.

Se montrer fiscal strictement.

N'accepter que la valeur portée sur les feuilles modèle C ou les feuilles de gros.

VOYAGEURS :

Se montrer fiscal. Appliquer strictement les tolérances taxer le surplus.

Poser soi-même les questions dans les formes réglementaires.

Etre d'une correction absolue. Se retrancher derrière le règlement et s'excuser des formalités à caractère vexatoire qui peuvent découler de son application.

La consignation est obligatoire en ce qui concerne phono, appareils de cinéma portatifs, machines à écrire (à l'exclusion de celles emportées par dactylos professionnelles).

Les appareils de T. S .F. doivent, dans tous les cas, être soumis au payement des droits (B. D. 762).

A l'exception des passavants et des consignations de voyageurs de commerce, ne faire aucune opération à caractère commercial en salle de bagage.

N'accorder les autorisations de plombage à nu que pour les colis isolés.

N'accorder aucune facilité aux compagnies de chemins de fer ou de navigation (émigrants).

Ne pas se contenter d'un billet de chemin de fer à destination de l'étranger pour remettre des colis sans visite. Faire établir une soumission de transit.

Appliquer strictement les stipulations de la note n° 1025 du 12 octobre 1928,en matière de privilèges diplomatiques. (Etant donné la tendance que marquent les diplomates de tout ordre à affirmer que le service n'a pas été correct à leur égard, poser les questions en présence de tiers pouvant apporter témoignage le cas échéant.

En matière de transport de bagages, sous prétexte de facilité aux compagnies de chemins de fer, ne jamais autoriser la mise de colis libres dans des wagons plombés (recommandation s'adressant à Cherbourg en particulier).

b) Service des Sections

LIBELLÉ DES DÉCLARATIONS :

1° Refouler toute déclaration qui ne remplit pas les conditions suivantes

Termes du tarif ;

Adresse complète du destinataire ;

Nombre, *espèce*, marque et numéros des colis ;

Poids en toutes lettres des marchandises soumises à un droit spécifique :

Valeur en toutes lettres pour marchandise taxées *ad valorem* :

Ratures et surcharges non-approuvées ;

Pas de mots en interligne ;

Etc., etc. Voir à cet effet le contexte même de l'imprimé de la déclaration.

2° *Le duplicata doit être parfaitement lisible.*

3° *Nombre de lignes.*

La plupart des imprimés vendus dans le commerce comportent une nombre de lignes supérieur au modèle réglementaire. Accepter les déclarations sous la réserve que les déclarants n'utilisent pas plus que le nombre réglementaire de quinze lignes (note n° 4045 3-1 du 22-10-27). (B. D. 506).

5° *Dénomination commerciale.* — Est obligatoire pour toutes les marchandises non-dénommées et les teintures. Cette obligation a été étendue aux engrais et matières destinées à l'amendement des terres cultivées par la note 1653 1-1 du 13 juin 1930.

6° *Origine et provenance des marchandises* doivent être indiquées suivant la nomenclature du tarif.

7° Toute déclaration incomplète doit être immédiatement rejetée, il est rappelé que la lettre de voiture ou le connaissement doit être présenté pour justification de propriété.

8° Aucune déclaration n'est recevable avant arrivée des marchandises (O. P. N° 86). Sauf autorisation des chefs pour denrées périssables ; dans les ports, mention « Vu dans le port », assurée par le service actif.

9° *Ordre d'enregistrement* : L'inscription doit être faite dans l'ordre des dépôts (O. P. 89).

10° *Pièces annexes* : Vérifier la régularité des C. O., factures, etc... ;

Contrôler la dimension des pièces timbrées à l'extraordinaire.

ENREGISTREMENT DU MANIFESTE :

Le manifeste ne doit pas être enregistré avant pointage complet des connaissements, passavants, permis de transbordement, etc.

FEUILLES DE GROS :

Elles doivent être libellées en français et non en langue étrangère (O. P. n° 198).

Les désignations d'origine et de provenance doivent être mentionnées selon la nomenclature tarifaire.

Ces prescriptions doivent être principalement observées au moment de l'enregistrement des soumissions de transit.

SOUMISSIONS M. 23 D :

Refuser soumission pour les personnes ne remplissant pas leurs obligations en matière de fourniture de facture consulaire.

En cas de demande de prolongation des délais de la soumission, faire consigner. Voir à la rubrique « retours » du chapitre opérations de visite pour ce qui concerne les marchandises remportées susceptibles de décharger des comptes d'A. T.

ACQUITS A CAUTIONS :

En matière d'acquits, exiger la présence du déclarant et de la caution pour renouvellement des engagements (à la fois sur les primata et les duplicata), de même que pour les actes contentieux.

Signaler immédiatement au receveur responsable les péremptions de délai et émettre auprès de lui l'avis qu'il y a lieu de liquider les droits.

Procéder au contrôle des signatures.

En cas de réexportation, n'accepter aucune écriture à la page réservée au report avant que le verso de la déclaration D 18 n'ait été entièrement rempli.

DÉCLARATIONS DE SORTIE :

Exiger la présentation de formules nouvelle série

Les termes de la nomenclature officielle doivent être scrupuleusement observés.

S'assurer de la valeur par article.

CAISSE :

Exiger l'appoint.

Ne pas accepter de chèques en blanc pour permettre la déconsignation de marchandises. Tenir le receveur au courant des dépassements de crédits.

CONTENTIEUX :

Remplir les actes contentieux avant de les faire signer par le contrevenant et par sa caution.

Ne jamais confier de feuilles ni d'actes contentieux au déclarant.

Ne donner main levée de la marchandise qu'après accomplissement complet de toutes les formalités.

d) Service de Renseignements

Les contrôleurs chefs ou agents chargés d'un service de renseignements à l'entrée, comme à tous autres services, ne devront donner d'indications qu'après s'être entourés de tous les éléments susceptibles de ne pas égarer le service et de sauvegarder effectivement les intérêts du Trésor ; en cas de doute, prier le pétitionnaire de déposer une demande de classement par écrit.

e) Travail rémunéré

N'effectuer le travail en dehors des heures légales que lorsqu'il s'agit de services permanents et réguliers, de la visite des passagers et des denrées périssables. En aucun cas, il ne devra être effectué de travail supplémentaire pour parer au ralentissement des opérations pendant la journée ; provoquer des ordres écrits et référer aux Chefs de tous les cas d'espèce pouvant se présenter.

Ne pas oublier que l'agent mis à la disposition d'un particulier pour l'accomplissement d'un travail reste le défenseur des droits du Trésor et qu'il doit faire, en la circonstance, montre d'un zèle d'autant plus grand qu'il opère, le plus souvent, en dehors du contrôle des chefs.

f) Rôle des chefs

Les chefs de service sont mis en garde contre tous les errements exceptionnellement prescrits pour une période déterminée, étant donné que des prescriptions de cette nature ne sauraient en aucun cas les dégager de leurs responsabilités, pas plus au point de vue juridique qu'au point de vue comptable, qu'à celui, purement administratif, de l'Inspection des finances.

Les actes de fraude ou de contrebande ou l'insuffisance de protection économique qui pourraient résulter de ces errements exceptionnels ne sauraient être imputés par la suite qu'à ceux qui auront pris la responsabilité de les prescrire (voir décret de codification, art. 78).

N.-B. — Nous reproduisons ci-après, en annexes, des instructions particulières données, dans certains bureaux, par les chefs locaux.

Nos camarades pourront, éventuellement, s'inspirer du texte de ces instructions, au cas où des opérations semblables à celles qui y sont visées auraient lieu dans leurs localités.

ANNEXE N° I

Note relative à la délivrance des acomptes et à la vérification des bulletins de poids délivrés par les peseurs-jurés (*Marseille*)

1° MARCHANDISES FORTEMENT TAXÉES.

Denrées coloniales, etc...

Interdiction d'accorder des acomptes avant que le vérificateur ait en mains la note de poids correspondant à la partie à déconsigner ; en outre, et comme il s'agit presque toujours de lots peu considérables, obligation de présenter des colis numérotés et de faire établir une note détaillée par numéro. Le vérificateur serait ainsi en mesure de contrôler tels ou tels colis avant de délivrer le L 7 (bon d'enlèvement) pour accompte ou pour solde.

2° MARCHANDISES FAIBLEMENT TAXÉES OU PASSIBLES SEULEMENT DE LA TAXE D'IMPORTATION.

Céréales, graines oléagineuses, peaux, laines, caoutchouc, etc. La délivrance d'acomptes serait subordonnée aux règles suivantes :

a) Après remise d'une note de poids globale ou détaillée dressée par un peseur juré : vérification par épreuves suffisantes, ou, si l'emplacement de nos ponts-bascules le rend possible, vérification accidentelle de toute la partie déconsignée ;

b) Avant le pesage ou avant remise d'une note de poids ; si le déclarant indique qu'il s'agit de colis uniformes et mentionne leur poids moyen, le vérificateur procède à ce sujet. avant la déconsignation ou en cours d'enlèvement, aux épreuves qu'il estime nécessaires.

S'il ne s'agit pas de colis d'un poids sensiblement uniforme, c'est-à-dire si les colis présentent entre eux des écarts dépassant 5 0/0, limitation de l'acompte à un nombre restreint de colis, et constatation éventuelle par nos appareils du poids de la totalité de l'acompte, ou encore relevé des pesées par un agent des Douanes à côté même du peseur juré et en même temps que lui. Cette notation contradictoire du poids se justifierait spécialement, au quai du port, à l'enlèvement des oranges. C'est d'ailleurs ce qui se pratique déjà au pont-bascule du hangar 7, où un préposé assiste le peseur juré.

Les chargements constitués par cette catégorie de produits exempts ou peu imposés étant souvent très importants, il conviendrait que les peseurs jurés admissent, en cours d'opération, des contrôles impromptus de la part de nos vérificateurs, par exemple sur les dix derniers sacs venant d'être pesés et encore à quai. Effectués avec nos propres instruments et au vu du carnet de pesage, ces contrôles seraient généralement peu nombreux, mais le principe devrait en être formellement reconnu de part et d'autre.

(Note de M. le Sous-Directeur à Marseille, approuvée par M. le Directeur, le 20 novembre 1929, et transmis au service le 23 novembre 1929.)

ANNEXE N° 2

Douanes
Sous-Direction de Rouen
Algérie
Vins ordinaires
Déclarations supprimées
Perception des Taxes de péage
sur manifeste pour toutes
marchandises
N° 2.224

NOTE

Rouen, le 13 mai 1930.

A partir du 15 mai courant et pour toutes les marchandises reprises aux manifestes enregistrés depuis cette date, les dispositions ci-après seront appliquées aux provenances d'Algérie :

1° *Déclarations.* Les vins ordinaires ne donneront plus lieu à déclaration D 3.

2° *Contrôle des vins.* Les échantillons continueront à être prélevés dans les mêmes conditions que par le passé.

3° *Veltage.* Le veltage restera assuré par les velteurs actuels qui opéreront au vu des notes de dépotage.

4° *Titres de régie.* Les notes de dépotage et soumissions d'entrepositaires seront visées par les véricateurs qui y apposeront le cachet de leur bureau et ces dernières seront présentées par les intéressés aux lieu et place des triplicata supprimés, au service des C. I. en vue de l'établissement des titres de mouvement.

5° Les manifestes de visite seront annotés et les bons de déconsignation délivrés sur production des acquits de régie. Les manifestes des sections d'entrée ne seront annotés qu'en ce qui concerne les marchandises diverses (autres que les vins) pour lesquelles la formalité de la déclaration est maintenue.

6° Après apurement du manifeste de visite, les passavants relatifs aux vins ordinaires seront conformés par les vérificateurs et adressés à la balance aux fins de transmission au bureau central.

7° *Dépôt d'office.* Les vérificateurs établiront, le cas échéant, des bulletins de mise en dépôt pour les vins ordinaires à défaut de la présentation de la note de dépotage dans les 11 jours.

8° *Taxes de péages...* (à liquider sur manifeste).

Le Sous-Directeur :
Signé : PUTOT.

ANNEXE N° 3

Prescriptions des Chefs locaux *(Alger)*

a) Repousser les déclarations et passavants établis au crayon même aniline (note du 20-11-28).

b) Ne donner aucune suite aux déclarations « Avant dépôt du manifeste » s'il n'est pas présenté les pièces de Douane d'accompagnement (passavants, acquits) ; le connaissement seul est insuffisant (note Insp. du 17 mai 1929).

c) Pour les marchandises nationales, refuser tout B. a. E. avant arrivée du dossier au vérificateur et pointage des pièces, prescription non applicable aux denrées périssables (note Insp. du 5 octobre 1928).

d) L'admission temporaire de machines et pièces détachées, débarquées de bateaux en vue de réparation à terre, doit comporter une reconnaissance aussi approfondie que pour une mise à la consommation tant au point de vue espèce qu'au point de vue poids (note C° N° 1.273 Insp.).

e) La dispense d'escort pour des marchandises transportées à l'entrepôt réel ne peut être accordée que s'il est souscrit sur le permis un engagement spécial cautionné (note Insp. du 2 février 1929).

f) Etablir un bulletin spécial de mise au dépôt pour les colis facilement transportables et les faire escorter à la recette principale (note Insp. du 25 janvier 1929).

g) Envoi très fréquent à l'analyse des vins déclarés à l'exportation pour la métropole (note Insp. du 20 février 1929).

h) Recourir au laboratoire pour toutes les importations de piments moulus.

i) L'embarquement ou la mise sur chaland ne peut être autorisée que sur présentation des sorties par mer ou passavants.

j) Les déclarations doivent être soldés avant vérification et prises en liquidation dans les 48 heures qui suivent la visite.

k) Lorsqu'il est importé des automobiles munies de pneumatiques, des épreuves de poids doivent être effectuées sur la base de un pneu par 5 véhicules. Note Insp. principal du...).

l) Il appartient au vérificateur en personne de désigner sur les passavants les marchandises à mettre en consigne, tant pour assurer un dépouillement exact par la statistique commerciale, que pour assurer une perception exacte des taxes intérieures notamment sur les épices et condiment à base de poivre ou de cannelle. (Note Insp. du 31 mai 1930).

m) Les marchandises déclarées en *mutation d'entrepôt fictif* doivent faire l'objet d'une vérification *intégrale.* Après vérification, les marchandises ne doivent pas quitter la surveillance du service ; elles doivent être remises directement au préposé d'escorte et le portatif apuré par le nom du dit préposé (Note de M. l'Insp. du 26-10-1928).

n) Les déclarations comportant exportation en décharge de taxes intérieures doivent faire l'objet de vérifications fréquentes notamment pour l'alcool, les allumettes, les tabacs (notes réitérées de M. l'Insp. Ppal du 6 novembre 1928).

o) Les automobiles exportées à destination de la métropole sous le couvert d'un acquit garantissant le paiement de la taxe de luxe doivent faire l'objet d'une vérification approfondie, non seulement en ce qui concerne les marques et numéros des pneumatiques mais surtout en ce qui concerne la valeur du véhicule. Vérifier également les caissons, malles..., où peuvent être dissimulées des cigarettes.

p) Lorsque les épreuves d'estimation donnent un poids sensiblement inférieur au poids déclaré, les épreuves doivent en être poussées de manière à pouvoir légalement en admettre le résultat (Note Insp. du 13-11-28).

q) Avant envoi à la révision, les déclarations doivent être révisées succinctement par un vérificateur autre que l'agent liquidateur (cette prescription, ainsi que celle rappelée au paragraphe (J.), peut permettre au vérificateur de se refuser à procéder à des reconnaissances à partir de 17 heures).

1° Doivent être soumises au visa de M. l'Inspecteur avant visite, les déclarations concernant :

1° Des voitures automobiles ;
2° Des tissus ;
3° Des articles d'ornement ;
4° Des articles importés d'Orient ;

5° Des vins, pour lesquels, d'ailleurs il a été prescrit d'ouvrir la totalité des fûts.

r) Les marchandises non déclarées 2 jours après l'arrivée du navire doivent être immédiatement proposées pour la mise en dépôt.

s) Une note de M. l'Insp. principal en date du 6 avril 1926 prescrit de vérifier l'espèce et le poids des denrées coloniales déclarées pour les provisions de bord, afin d'empêcher les capitaines de navires de se créer des titres réguliers destinés à couvrir des soustractions opérées sur la cargaison. Les déficits doivent être signalés par écrit.

t) Selon une note du même chef en date du 9 avril 1924, la mention « Privilège colonial » indiquée sur les acquits n'implique pas justification d'origine. Il convient donc de faire souscrire les soumissions par les déclarants.

u) Réexportation d'entrepôt fictif (Pesage sur note détail éch. à si l'identité est douteuse (essences, huiles).

v) Pour les tissus : la catégorie doit être vérifiée en mesurant et pesant une pièce entière : B. D. 612.

x) Les marchandises doivent être pesées toutes les fois que cela est possible, avant leur transport au dépôt (signaler incidents) Inspecteur principal 31-5-30).

IMPRIMERIE J.-J DURAND.
7, RUE CADET, PARIS (9e)

www.ingramcontent.com/pod-product-compliance
Ingram Content Group UK Ltd.
Pitfield, Milton Keynes, MK11 3LW, UK
UKHW022149260726
13993UKWH00005B/2252

9 782329 179155